O zi în gara animalelor

Sharon Rentta

Traducere din limba engleză
de Diana Soare

Lui Oliver îi plac
foarte mult trenurile.
La fel și bunicului său.

Le plac trenurile mari,
trenurile mici, trenurile
rapide, trenurile încete și
toate celelalte trenuri.
Le place mult să le privească...

TREN
SUPRAETAJAT
MARFAR CU MĂGAR
Ham! Ham!

... dar și mai mult să călătorească în ele.

Bunicul a fost mecanic de locomotivă, iar Oliver vrea și el să conducă trenuri când va crește mare. Deja se pricepe de minune să rămână treaz cât sunt călătoriile de lungi și să zărească lucruri pe fereastră din goana trenului.

Astăzi a văzut:

trei vaci,

șase oi,

nişte porci zburători,

un cal cu o
pătură haioasă

două capre
pasionate de trenuri,

şi un elefant într-o
piscină gonflabilă.

Înainte să urci în tren, trebuie să-ți cumperi bilet. E bine să faci asta din timp. Oliver și bunicul lui vor să prindă Zebra Express-ul, dar trenul pleacă peste cinci minute.

Bilete
Un bilet dus spr
Orașul Leneșilo
vă rog
10

Bilete
Cu întoarcere în Stavlul Central
Opt bilete de întoarcere către Ținutul Hamsterilor, vă rog

De s-ar mișca mai repede
toți hamsterii aceia!

Oliver își păstrează toate biletele
drept amintire:

Pe peron, **Impiegatul de Mișcare** suflă în fluier și ridică paleta verde, pentru a-l anunța pe mecanicul de locomotivă că trenul poate pleca.

Bunicul și Oliver trebuie să grăbească pasul, altminteri vor pierde trenul.
„De mult n-am mai făcut atâta mișcare!", gâfâie bunicul.

Sunt atât de mulți pasageri în vagon,
încât Oliver și bunicul trebuie să stea în picioare. E cam înghesuială.

Oliver a descoperit că sus, pe bară, nu e atât de aglomerat.

Când mergi cu trenul, e important:

să nu te bălăbănești agățat de plasa de bagaje,

să nu pui picioarele pe scaune

și nici să nu zbieri la telefonul mobil.

Acest crocodil este foarte egoist: a pus stăpânire pe trei locuri doar pentru el, însă nimeni nu îndrăznește să îi ceară socoteală.

Uneori, trenurile au întârziere.
Acest tren s-a stricat. Mecanicii încearcă să-și dea seama
ce s-a întâmplat, dar deocamdată n-au nici cea mai vagă idee.

Iar acest tren are întârziere fiindcă o cireadă de vaci
s-a gândit să prânzească taman pe calea ferată.
Au zis că le pare rău că țin lumea pe loc,
dar nu se pot clinti până nu termină de rumegat.

În zilele geroase, macazurile îngheață, ceea ce înseamnă că trenurile nu mai pot trece de pe o linie pe alta. Toate trenurile se opresc până se rezolvă problema.

Acarii din **Echipa de Întreținere** sparg de obicei gheața cu dalta sau o topesc cu torța de sudură. Bizon, acarul-șef, s-a gândit că o bătaie cu bulgări poate fi și ea de folos.

Macazurile înghețate îi dau mari bătăi de cap Ameliei, din Postul de Macazuri. Are o mulțime de trenuri blocate pe traseu, iar lumea începe să-și piardă răbdarea.

Când trenurile se pun, în sfârșit, în mișcare, sunt supraaglomerate. Bunicul și Oliver reușesc să se strecoare în vagon, dar nu toți pasagerii sunt la fel de norocoși.

Conductorul spune că trenul nu pleacă nicăieri până când nu coboară toți cei care s-au cocoțat pe scări și pe acoperiș. Ei trebuie să aștepte următorul tren, care va sosi abia peste o oră.

SAFARI
EXPRESS

E mult mai distractiv să călătorești
într-un tren cu locomotivă cu abur.
Aceasta este mocănița Puf-Puf. Pe
coșul locomotivei țâșnește un nor de
abur, iar fluierul șuieră:

Tuuu-tuuu!

Și-au pornit!

E îndeletnicirea
Fochistului să
arunce cărbuni
în focar. Focul
încălzește apa din
care iese aburul.
E o treabă
fierbinte și
murdară!

Trenurile merg mult mai
repede dacă imiți zgomotul
lor pe șine:

CIUU
ciu
ciu
ciu
CIUU!

Și vagoanele de dormit sunt palpitante.

În timp ce dormi, trenul înaintează prin noapte. Oliver și bunicul lui au propria cușetă, cu paturi suprapuse.

Saltelele sunt destul de elastice
– dar tavanul e cam aproape.

O poveste și dezmierdările
bunicului rezolvă problema.

Apoi e timpul să se culce.

După cum se vede,
un pat le-a fost de ajuns.

Într-o zi, Oliver și bunicul stăteau în tren, gata să plece spre mare.

Au așteptat.

Și-au așteptat.
Dar trenul nu s-a urnit.

Fiindcă lumea începuse să-și cam piardă astâmpărul, Oliver a pus la cale un cor pisicesc. Curând, i s-au alăturat și alte feline.

Asta ar trebui să-i distreze pe călători.

Iată de ce întârzia trenul:

Marc Mecanicul tocmai urcase în cabină...

... când s-a așezat, din greșeală, pe ochelari! O, nu! Cum să mai conducă trenul, dacă nu vede nimic?

Conductorul Tomas zice că Marc e un gogoman. Dacă nu găsesc alt mecanic de locomotivă, cursa va trebui anulată. Bietul Marc e foarte rușinat!

Toată lumea e nervoasă – numai Oliver, nu.
„*Tu* ești mecanic de locomotivă, bunicule!
Tu poți să conduci trenul!”, zice el.

Bunicul nu e convins, dar Oliver fuge direct la Tomas și îi spune că bunicul lui e cel mai bun mecanic de locomotivă din lume și că va conduce trenul chiar acum.

Marc e ușurat. Și Tomas pare destul de încântat.

HOTEL
CAFE

Bunicul și Oliver își pun, fiecare, câte un chipiu, ca să arate ca niște mecanici de locomotivă adevărați. Apoi urcă în cabină, iar bunicul îi explică lui Oliver la ce folosesc toate butoanele și cadranele. Curând, Oliver e convins că le știe rostul.

Cât ai clipi din ochi, gonesc pe șine, direct spre...

...mare!

„Ai condus excelent, Oliver!", zice bunicul. „Cred că amândoi merităm niște înghețată!"

Pentru familia Wilkinson,
care adoră să urmărească trenurile.